José Maréchal

ATELIER CALISSONS

confiseries & apéros

PHOTOGRAPHIES D'OLIVIER MALINGUE
STYLISME D'ÉLODIE RAMBAUD

LES PETITS PLATS
MARABOUT
ORIGINAUX & AUTHENTIQUES
DEPUIS L'AN 2000

CARNET PRATIQUE

RECETTES DE BASE

RECETTES FRUITÉES

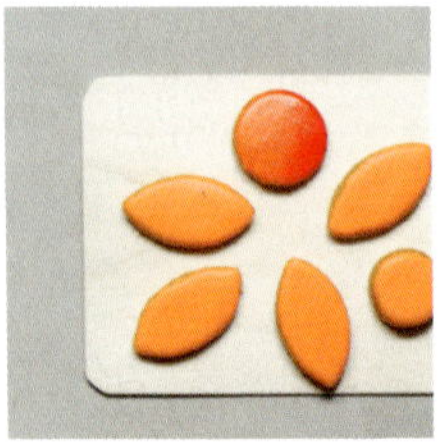

LES GOUR-MANDS

LES PARFUMÉS

LES APÉROS

LES PARURES

EN FORME DE CALISSON

MATÉRIEL

BALANCE

Indispensable pour la pâtisserie en général, la balance permet d'être très précis dans les proportions. Quelques grammes en plus ou en moins pourraient modifier la texture délicate de la pâte du calisson mais aussi son goût. Le glaçage est simple à réaliser mais nécessite lui aussi des proportions très précises.

ROBOT COUPE

La pâte du calisson est réalisée à partir d'un broyage d'amandes, de sucre et de fruits confits. Le robot équipé d'un couteau en métal est donc incontournable. Il doit être assez puissant pour réduire les fruits en fine purée et résister à la consistance très dense de la pâte.

FOUET ET SPATULES

La spatule en silicone est idéale pour rassembler les fruits confits dans le robot, favorisanr ainsi la finesse de la pâte. Elle sert aussi à répartir la pâte sur la feuille azyme avant de l'étaler. Une petite spatule métallique sera plus adaptée pour manipuler et glacer les calissons. Le fouet est indispensable pour la finesse du glaçage.

ROULEAU À PÂTISSERIE

Indispensable pour étaler la pâte et obtenir l'épaisseur souhaitée du calisson : entre 8 et 10 mm. En bois ou en plastique, il faudra l'humidifier à chaque coup pour éviter à la pâte de coller.

EMPORTE-PIÈCES

En inox de préférence pour faciliter une découpe plus franche, les emporte-pièces permettent de varier les formes du calisson traditionnel. Ronds, carrés ou autres formes géométriques, tout est permis avec le calisson. Pour éviter trop de chutes de pâte, varier les formes pour optimiser la surface de la feuille azyme.

PLAQUE À PÂTISSERIE

La plaque recouverte de papier sulfurisé servira pour réserver la pâte étalée bien à plat lors du séchage et pour déposer ensuite les calissons glacés. Le papier empêche la pâte de coller et permet de la manipuler avec précaution sans briser la feuille azyme.

INGRÉDIENTS DU CALISSON D'AIX

MELON ET ORANGE CONFITS

Pour le goût et l'onctuosité de la pâte. On les trouve au rayon fruits secs des grandes surfaces ou au détail dans certaines épiceries fines. Ils pourront être remplacés par d'autres fruits confits ou en partie par des fruits séchés et de la confiture.

POUDRE D'AMANDES

Associée aux fruits confits, c'est l'ingrédient de base de la pâte. Celle que l'on trouve dans le commerce convient parfaitement. On peut aussi broyer des amandes entières, les associer ou les remplacer par d'autres fruits secs. Le goût sera alors plus soutenu, mais il conviendra d'être vigilant sur la finesse de la poudre et d'augmenter de quelques minutes le temps de séchage au four.

EAU DE FLEUR D'ORANGER

Connue aussi pour ses vertus bienfaisantes, on la trouve facilement dans tous les commerces, supermarchés et parapharmacie. Issue de la distillation des pétales de fleur du bigaradier, l'eau de fleur d'oranger arrive du Moyen-Orient au XIe siècle. Produit phare de la gastronomie orientale, elle envahit rapidement le Bassin méditerranéen pour parfumer quelques spécialités comme les fougassettes de Noël, oreillettes, beignets, brioches et calissons.

SUCRE GLACE

La pâte du calisson ne nécessite pas de cuisson. Le sucre glace, impalpable, favorise donc la finesse de la pâte. Mélangé à du blanc d'œuf pour le glaçage, il permet d'habiller les calissons d'une douce et élégante pellicule craquante.

FEUILLE AZYME

La pâte du calisson, très collante, est étalée sur de la feuille azyme (un mélange d'amidon et de matière grasse). Elle doit être de simple densité et très fine pour favoriser la découpe. On la trouve dans les boutiques spécialisées en produits de pâtisserie mais également en commande sur le site Internet de certains d'entre eux.

INGRÉDIENTS DÉCLINÉS

FRUITS CONFITS

Melon (rouge, vert, orange), orange, citron, clémentine, cédrat, bigarreaux, cerises amarena, cubes de betterave confits, gingembre… Finement mixés, ils constituent la base de la pâte. Fermes ou sucrés, au goût plus ou moins prononcé, les fruits confits seront dosés avec précision et mixés ensemble. Ces mariages apporteront une osmose des goûts et une texture précise nécessaire à l'onctuosité et au travail de la pâte.

FRUITS SECS

La recette traditionnelle à base d'amandes peut être déclinée avec d'autres fruits secs (noisettes, noix, pistaches, noix de cajou, de pécan, de macadamia…), réduits en fine poudre et incorporées à la pâte, en complément ou en remplacement de la poudre d'amandes. Ils permettent ainsi des combinaisons de saveurs intéressantes autour de la recette traditionnelle.

ARÔMES

Eau de fleur d'oranger ou de rose, extrait naturel de fleurs ou de fruits, arôme concentré, alcools ou eau-de-vie de fruits rehaussent les saveurs du calisson sans modifier la texture de la pâte. Au contraire, ils lui apportent son moelleux. Ainsi, ils permettent de varier facilement les parfums autour des mêmes ingrédients de base.

FRUITS SÉCHÉS

Figues, pruneaux, abricots, papaye, banane… les fruits séchés sont intéressants pour leur goût concentré et leur pauvre teneur en eau. Ils peuvent être réduits en pâte très dense, comme les fruits confits, et apporter une note fruitée naturelle au calisson. Mixés avec de la confiture, ils offrent une texture proche de celle du fruit confit, permettant une alternative intéressante à ces derniers. En outre, ils offrent des variations de goûts plus importantes.

CONFITURES

Fruits rouges, orange, abricot, figue, cerise… Mixées, les confitures peuvent compléter les fruits confits en venant puncher la recette, ou même les remplacer dans certains cas (fruits séchés + confiture / confiture tout court dans la version simplifiée). Très accessible et facile à travailler. Elles offrenta de multiples combinaisons, tant dans les pâtes que dans les glaçages

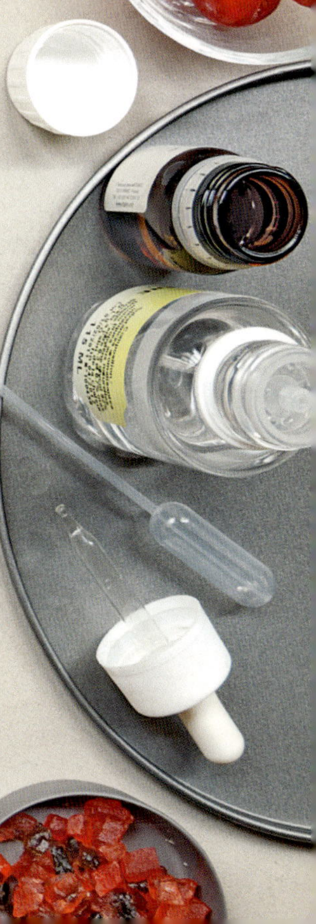

CUSTOMISATION

LES PETITES FANTAISIES EN SUCRE

Petites perles ou billes en sucre, fleurs cristallisées, sucres aromatisés, paillettes d'or ou d'argent alimentaires, toutes ces fantaisies devront être déposées délicatement sur les calissons juste après leur glaçage. Elles se colleront ainsi naturellement.

POUDRE IRISÉE, FEUILLES D'OR ET D'ARGENT

Il existe aujourd'hui une gamme très étendue de poudres irisées aux coloris multiples (cuivre, ivoire, bronze, argent, givre…) qui vous permet de customiser un glaçage d'une même couleur en lui donnant des reflets brillants différents. Pour cela, nacrer les calissons délicatement, après séchage, à l'aide d'un petit pinceau. Les feuilles d'or ou d'argent étant extrêmement fines et volatiles, elles doivent être déposées à l'aide d'un petit pinceau mais cette fois-ci avant séchage, pour qu'elles se collent instantanément au glaçage sans l'abîmer.

POUDRE DE BISCUIT, FRUITS SECS OU ÉPICES

Mixer des biscuits secs aux saveurs et aux couleurs intenses comme les spéculoos, sablés au citron, à l'orange, au gingembre, au cacao ou tout simplement d'utiliser les fruits secs ou l'épice en poudre de la recette. Juste après le glaçage, déposer les calissons bien à plat et les saupoudrer délicatement de poudre de biscuit avant de les faire sécher.

LE GLAÇAGE, LES COLORANTS

Le glaçage du calisson est la plupart du temps réalisé à partir de sucre glace et de blanc d'œuf. En pâtisserie, on l'appelle « glaçage royal ». Facile à réaliser, il nécessite néanmoins des quantités précises, afin d'obtenir la consistance d'une crème épaisse bien homogène qui se lisse naturellement lors du séchage. Utiliser de préférence des colorants en poudre ou en pâte qui ne modifient pas la texture du glaçage et permettent d'obtenir des couleurs plus soutenues.

FILAMENTS ET DÉCORS AU CHOCOLAT

Faire fondre du chocolat noir au bain-marie ou très doucement au micro-ondes. Tailler un triangle rectangle de 20 x 30 cm dans du papier sulfurisé. L'enrouler sur lui-même et réaliser un cornet en repliant les deux extrémités à l'intérieur. Le garnir, à mi-hauteur, de chocolat fondu, puis après avoir replié les extrémités, couper finement la pointe. Une fois les calissons glacés, d'un geste rapide de va-et-vient, faire couler de fins filaments de chocolat fondu. À l'aide d'un pic en bois, tracer des lignes dans le sens opposé de celles en chocolat, de gauche à droite et inversement afin de marbrer le calisson comme un millefeuille.

ENROBAGE OU COQUE EN CHOCOLAT

Faire fondre du chocolat au bain-marie. Lorsqu'il est bien fondu, le retirer du bain-marie et incorporer un peu de chocolat en morceaux pour faire chuter la température. Bien mélanger pour dissoudre l'ensemble puis remettre au bain-marie 1 minute à peine. Cette technique, appelée « tempérage du chocolat », permet de préserver le brillant du chocolat et d'éviter les traces de beurre de cacao une fois qu'il est refroidi. Utiliser un pinceau pour glacer délicatement la surface des calissons, ou bien les tremper directement dans le chocolat fondu à l'aide d'une fourchette. Laisser alors couler le surplus de chocolat puis retourner délicatement le calisson sur une grille. Laisser figer devant un courant d'air frais pendant une quinzaine de minutes au moins.

POUSSIÈRE D'ÉTOILES COLORÉE

Juste après les avoir nappés de glaçage royal, déposer les calissons sur un papier sulfurisé bien à plat. Diluer le colorant dans quelques gouttes d'eau. Tremper une brosse à dents dedans et agiter les poils au-dessus des calissons.

LE CALISSON D'AIX

MÉMO

pour 18 calissons gourmands de 8,5 cm
ou 20 calissons traditionnels de 7 cm
ou 40 minicalissons de 5,5 cm

PRÉPARATION

1 heure à 1h45 selon la taille des calissons

INGRÉDIENTS

LA PÂTE

300 g de poudre d'amandes
200 g de sucre glace
220 g de melon confit orange
40 g d'oranges confites
20 g de citron confit
2 cuillerées à soupe de fleur d'oranger
1 feuille azyme de 32 x 23 cm

LE GLAÇAGE

150 g de sucre glace
35 g de blanc d'œuf

1 LA POUDRE

Mélanger ensemble la poudre d'amandes et le sucre glace. Faire sécher le mélange 30 minutes sur une plaque à rebord à 120 °C.

ASTUCE Vous pouvez réaliser cette étape un peu à l'avance, la veille ou même l'avant-veille, et réserver les mélanges dans des boîtes hermétiques, dans un endroit sec et à l'abri de l'humidité. Ce petit gain de temps ne sera pas négligeable le jour de la réalisation et vous permettra de réserver votre attention à la suite de la recette.

2 LES FRUITS CONFITS

Mixer l'ensemble des fruits confits coupés en morceaux à pleine puissance afin d'obtenir une pâte de fruits très fine.

SÉCHAGE ET REPOS : EN 3 TEMPS
1h35 à 2h10 selon le mode de repos

LE SÉCHAGE DE LA POUDRE
À l'étape 1, la poudre doit reposer 30 minutes au four à 120 °C.

LE SÉCHAGE DE LA PÂTE
À l'étape 3, la pâte étalée doit reposer 1 heure à température ambiante. L'idéal est de la placer dans un léger courant d'air, de manière à bien la sécher.

LE REPOS DES CALISSONS
À l'étape 5, les calissons formés doivent reposer 40 minutes à température ambiante ou bien 6 minutes au four à 120°C.

3 LA BOULE DE PÂTE

Ajouter la fleur d'oranger à la pâte de fruits, puis mixer de nouveau.

Verser enfin le mélange d'amandes et de sucre et mixer 1 minute jusqu'à l'obtention d'une boule de pâte homogène se détachant des parois du robot.

LE CALISSON D'AIX : LA SUITE

4 LA PÂTE SUR LA FEUILLE AZYME

Couvrir le plan de travail d'une feuille de papier sulfurisé et y déposer au centre une feuille azyme, côté quadrillé en dessous.

Façonner la boule de pâte pour l'aplatir légèrement. Préparer un bol d'eau tiède.

Étaler la pâte sur la surface de la feuille azyme afin d'obtenir une épaisseur de 8 mm. Pour étaler la pâte un peu collante, humidifier légèrement le rouleau à pâtisserie après chaque coup, en prenant soin d'éponger la pâte à l'aide d'un papier absorbant pour ne pas mouiller la feuille azyme.

Laisser sécher à température ambiante dans un courant d'air pendant 1 heure.

5 LES CALISSONS

Étendre un torchon propre sur le plan de travail.

Retourner la pâte sur le torchon, feuille azyme au-dessus. Détailler les calissons en prédécoupant la feuille azyme : poser l'emporte-pièce dessus, découper l'épaisseur de la feuille azyme en suivant l'intérieur de l'emporte-pièce avec la lame du couteau. À l'aide du creux de la main, presser l'emporte-pièce d'un coup sec. Détacher le calisson et le mettre sur une plaque.

6 LE GLAÇAGE

Mélanger d'abord doucement le sucre glace et le blanc d'œuf au fouet, puis plus énergiquement afin d'obtenir la consistance d'une crème épaisse bien homogène et légèrement coulante.

À l'aide d'une petite spatule métallique ou d'un couteau à beurre, napper chaque calisson. Lisser les contours avec le doigt pour éviter au glaçage de couler sur les côtés. Déposer délicatement les calissons bien à plat sur une plaque à pâtisserie.

Laisser sécher les calissons à l'air libre pendant 40 minutes au moins ou au four à 120°C pendant 5 à 6 minutes. À la sortie du four, les laisser refroidir sur la plaque avant de les manipuler.

40 MINUTES DE PRÉPARATION - 35 MINUTES DE REPOS ET SÉCHAGE - POUR 21 À 28 CALISSONS DE 6 À 8 CM

LE CALISSON SIMPLIFIÉ

LA PÂTE

300 g de poudre d'amandes
200 g de sucre glace
125 g de confiture d'oranges
125 g de confiture d'abricots
1 cuillerée à soupe de fleur d'oranger

1 feuille azyme de 32 x 23 cm

LE GLAÇAGE

150 g de sucre glace
35 g de blanc d'œuf

LA PÂTE

1. Mixer les confitures afin de bien les lisser.

2. Les mélanger dans une casserole avec les autres ingrédients, jusqu'à l'obtention d'une pâte collante. Sans cesser de remuer, dessécher la pâte sur feu doux 6 à 7 minutes.

LA FEUILLE AZYME

3. Couvrir le plan de travail d'une feuille de papier sulfurisé et y déposer au centre une feuille azyme, côté quadrillé dessous. Préparer un bol d'eau tiède.

4. Étaler la pâte sur la surface de la feuille azyme afin d'obtenir une épaisseur de 8 mm. Faire glisser la feuille azyme sur une plaque à pâtisserie et laisser refroidir à température ambiante pendant 30 minutes.

LES CALISSONS

5. Étendre un torchon propre sur le plan de travail. Retourner la pâte sur le torchon, feuille azyme au-dessus.

6. À l'aide d'un couteau dentelé, découper des bandes droites de 4 cm de large. Découper ensuite les bandes en losanges réguliers et les déposer sur une plaque.

LE GLAÇAGE

7. Mélanger doucement le sucre glace et le blanc d'œuf au fouet puis plus énergiquement afin d'obtenir la consistance d'une crème épaisse homogène et coulante.

8. À l'aide d'une petite spatule ou d'un couteau à beurre, napper chaque calisson.

9. Laisser sécher les calissons au four à 120°C pendant 5 à 6 minutes. À la sortie du four, laisser refroidir les calissons sur la plaque avant de les manipuler.

POUR 30 À 40 CALISSONS DE 7 CM - 30 MINUTES DE PRÉPARATION - 30 MINUTES DE REPOS ET SÉCHAGE

LE CALISSON FASTOCHE

LA PÂTE

600 g de pâte d'amandes
(rose, blanche, verte)
40 g de sucre glace

rose : eau de rose + gingembre
2 cuillerées à soupe d'eau de rose
30 g de gingembre confit haché

blanc : fleur d'oranger + noisette
2 cuillerées à soupe de fleur d'oranger
30 g de noisettes hachées ou pralin en poudre

vert : vanille + pistaches
1 cuillerée à soupe d'extrait de vanille
30 g de pistaches émondées hachées

LE GLAÇAGE EXPRESS

confiture de fruits rouges, d'abricots, d'oranges, de lait...
sucre glace, cacao en poudre, fruits secs, poudre de biscuits, etc.

LA PÂTE

1. Couper la pâte d'amandes en morceaux et répartir les 3 couleurs dans 3 saladiers.
2. Ajouter dans chaque bol l'arôme et les fruits secs ou le gingembre hachés finement. Malaxer l'ensemble pour bien incorporer les éléments et reformer un bloc de pâte homogène pour chaque couleur.

LE MONTAGE

1. Saupoudrer le plan de travail et la pâte de sucre glace. À l'aide d'un rouleau à pâtisserie, étaler la pâte sur une épaisseur d' 6 mm.
2. À l'emporte-pièce, détailler la pâte d'amandes en de jolis calissons. Les déposer à l'aide d'une spatule métallique sur une plaque à pâtisserie.

GLAÇAGE EXPRESS

3. Pour un glaçage express, fouetter ou mixer la ou les confitures si elles présentent des morceaux. À l'aide d'une petite spatule métallique ou d'un petit couteau à beurre, napper délicatement chaque calisson.
4. Redéposer les calissons délicatement bien à plat sur la plaque à pâtisserie, puis les décorer de fruits secs, poudre de biscuits, feuilles d'or ou sucres fantaisie. Faire sécher à l'air libre pendant 30 minutes au moins.

VARIANTE

Si vous n'avez pas d'arôme, une eau de vie ou un alcool de fruits parfumeront très bien la pâte d'amandes.

1 HEURE À 1H45 DE PRÉPARATION SELON LA TAILLE DES CALISSONS • 1H35 DE REPOS ET SÉCHAGE
POUR 18 GRANDS CALISSONS, 20 CALISSONS MOYENS OU 40 PETITS CALISSONS

CERISE

LA PÂTE

300 g de poudre d'amandes
200 g de sucre glace
250 g de cerises confites (bigarreaux)
2 cuillerées à soupe de kirsh ou une d'eau de rose

1 feuille azyme de 32 x 23 cm

LE GLAÇAGE

150 g de sucre glace
35 g de blanc d'œuf

LA PÂTE

1. Mélanger ensemble la poudre d'amandes et le sucre glace. Faire sécher le mélange 30 minutes sur une plaque à rebord au four à 120 °C.
2. Couper les cerises. Les mixer à pleine puissance afin d'obtenir une pâte de fruits très fine.
3. Ajouter le kirsh ou l'eau de rose et mixer de nouveau pour bien mélanger.
4. Incorporer enfin le mélange d'amandes et de sucre et mixer 1 minute jusqu'à l'obtention d'une boule de pâte homogène se détachant des parois du robot.

LE MONTAGE

1. Selon la recette du calisson d'Aix, assembler ensuite la pâte et la feuille azyme.
2. Laisser sécher 1 heure puis découper les calissons (pages 12 et 13).

LE GLAÇAGE

1. Mélanger d'abord doucement le sucre glace et le blanc d'œuf au fouet, puis plus énergiquement afin d'obtenir la consistance d'une crème épaisse bien homogène et légèrement coulante.
2. Napper chaque calisson. Lisser les contours avec le doigt pour éviter au glaçage de couler sur les côtés.
3. Les déposer délicatement bien à plat sur une plaque à pâtisserie et les faire sécher au four à 120 °C pendant 5 minutes.

1 HEURE À 1H45 DE PRÉPARATION SELON LA TAILLE DES CALISSONS • 1H35 DE REPOS ET SÉCHAGE
POUR 18 GRANDS CALISSONS, 20 CALISSONS MOYENS OU 40 PETITS CALISSONS

MELON & PASTIS

LA PÂTE

300 g de poudre d'amandes
200 g de sucre glace
180 g de melon confit
70 g de pastis

1 feuille azyme de 32 x 23 cm

LE GLAÇAGE

150 g de sucre glace
35 g de blanc d'œuf
1 pointe de couteau de colorant vert anis

LA PÂTE

1. Mélanger ensemble la poudre d'amandes et le sucre glace. Faire sécher le mélange 30 minutes sur une plaque à rebord au four à 120 °C.
2. Couper le melon en petits morceaux. Les mixer à pleine puissance afin d'obtenir une pâte de fruits très fine.
3. Ajouter le pastis et mixer de nouveau pour bien mélanger.
4. Incorporer enfin le mélange d'amandes et de sucre et mixer 1 minute jusqu'à l'obtention d'une boule de pâte homogène se détachant des parois du robot.

LE MONTAGE

1. Selon la recette du calisson d'Aix, assembler ensuite la pâte et la feuille azyme.
2. Laisser sécher 1 heure puis détailler les calissons (pages 12 et 13).

LE GLAÇAGE

1. Mélanger d'abord doucement le sucre glace et le blanc d'œuf au fouet.
2. Incorporer la pointe de colorant et fouetter plus énergiquement afin d'obtenir la consistance d'une crème épaisse bien homogène et légèrement coulante.
3. Napper chaque calisson. Lisser les contours avec votre doigt pour éviter au glaçage de couler sur les côtés.
4. Les déposer délicatement bien à plat sur une plaque à pâtisserie et les faire sécher au four à 120 °C pendant 5 minutes.

1 HEURE À 1H45 DE PRÉPARATION SELON LA TAILLE DES CALISSONS • 1H35 DE REPOS ET SÉCHAGE
POUR 18 GRANDS CALISSONS, 20 CALISSONS MOYENS OU 40 PETITS CALISSONS

ORANGE & CARDAMOME

LA PÂTE

275 g de poudre d'amandes
200 g de sucre glace
200 g de melon confit orange
80 g d'orange confite
25 g de cardamome en poudre
2 cuillerées à soupe de fleur d'oranger

1 feuille azyme de 32 x 23 cm

LE GLAÇAGE

150 g de sucre glace
35 g de blanc d'œuf
1 pointe de couteau de colorant orange

LA CUSTOMISATION

2 pointes de couteau de colorant orange
1 brosse à dents

LA PÂTE

1. Mélanger ensemble la poudre d'amandes et le sucre glace. Faire sécher le mélange 30 minutes sur une plaque à rebord au four à 120 °C.
2. Couper les fruits confits en petits morceaux. Les mixer à pleine puissance afin d'obtenir une pâte de fruits très fine.
3. Ajouter la fleur d'oranger et la cardamome. Mixer de nouveau pour bien mélanger.
4. Incorporer enfin le mélange d'amandes et de sucre et mixer 1 minute jusqu'à l'obtention d'une boule de pâte homogène se détachant des parois du robot.

LE MONTAGE

1. Selon la recette du calisson d'Aix, assembler ensuite la pâte et la feuille azyme.
2. Laisser sécher 1 heure puis découper les calissons (pages 12 et 13).

LE GLAÇAGE ET LA CUSTOMISATION

1. Mélanger d'abord doucement le sucre glace et le blanc d'œuf au fouet. Incorporer la pointe de colorant et fouetter plus énergiquement afin d'obtenir la consistance d'une crème épaisse bien homogène et légèrement coulante.
2. Napper chaque calisson. Lisser les contours avec le doigt pour éviter au glaçage de couler sur les côtés.
3. Sans attendre, déposer délicatement les calissons bien à plat sur une plaque à pâtisserie. Diluer le colorant dans quelques gouttes d'eau. Tremper une brosse à dent dedans et agiter les poils au dessus des calissons.
4. Faire sécher les calissons au four à 120 °C pendant 5 minutes.

1 HEURE À 1H45 DE PRÉPARATION SELON LA TAILLE DES CALISSONS • 1H35 DE REPOS ET SÉCHAGE
POUR 20 GRANDS CALISSONS, 24 CALISSONS MOYENS OU 45 PETITS CALISSONS

ABRICOT & GINGEMBRE

LA PÂTE

300 g de poudre d'amandes
200 g de sucre glace
200 g d'abricots secs
100 g de gingembre confit
150 g de melon confit orange ou rouge
1 cuillerée à soupe de fleur d'oranger
1 cuillerée à soupe de confiture d'abricots

1 ou 2 feuilles azyme de 32 x 23 cm

LE GLAÇAGE

150 g de sucre glace
35 g de blanc d'œuf
2 à 3 pointes de couteau de colorant orange

LA CUSTOMISATION

1 pointe de couteau de colorant rouge
1 brosse à dents

LA PÂTE

1. Mélanger ensemble la poudre d'amandes et le sucre glace. Faire sécher le mélange 30 minutes sur une plaque à rebord au four à 120 °C.
2. Couper le melon, le gingembre et les abricots en petits morceaux. Les mixer à pleine puissance avec la confiture d'abricots afin d'obtenir une pâte de fruits très fine.
3. Ajouter la fleur d'oranger. Mixer de nouveau pour bien mélanger.
4. Incorporer enfin le mélange d'amandes et de sucre et mixer 1 minute jusqu'à l'obtention d'une boule de pâte homogène se détachant des parois du robot.

LE MONTAGE

1. Selon la recette du calisson d'Aix, assembler ensuite la pâte et la feuille azyme.
2. Laisser sécher 1 heure puis détailler les calissons (pages 12 et 13).

LE GLAÇAGE

1. Mélanger d'abord doucement le sucre glace et le blanc d'œuf au fouet.
2. Incorporer le colorant et fouetter plus énergiquement afin d'obtenir la consistance d'une crème épaisse bien homogène et légèrement coulante.
3. Napper chaque calisson. Lisser les contours avec le doigt pour éviter au glaçage de couler sur les côtés.
4. Les déposer délicatement bien à plat sur une plaque à pâtisserie et les faire sécher au four à 120 °C pendant 5 minutes.

ASTUCE DÉCO

Juste après avoir glacé les calissons, customiser certains d'entre eux avec le colorant rouge (page 9), pour rappeler le velouté de la peau de l'abricot.

1 HEURE À 1H45 DE PRÉPARATION SELON LA TAILLE DES CALISSONS • 1H35 DE REPOS ET SÉCHAGE
POUR 18 GRANDS CALISSONS, 20 CALISSONS MOYENS OU 40 PETITS CALISSONS

FRUITS ROUGES

LA PÂTE

300 g de poudre d'amandes
75 g de sucre glace
120 g de cerises confites amarena
60 g de confiture de fraises
60 g de confiture de framboises

1 feuille azyme de 32 x 23 cm

LE GLAÇAGE

150 g de sucre glace
35 g de blanc d'œuf
3 pointes de couteau de colorant rouge ou framboise

LA PÂTE

1. Mélanger ensemble la poudre d'amandes et le sucre glace. Faire sécher le mélange 30 minutes sur une plaque à rebord au four à 120 °C.
2. Mixer les cerises avec les confitures à pleine puissance afin d'obtenir une pâte de fruits très fine.
3. Incorporer le mélange d'amandes et de sucre et mixer 1 minute jusqu'à l'obtention d'une boule de pâte homogène se détachant des parois du robot.

LE MONTAGE

1. Selon la recette du calisson d'Aix, assembler ensuite la pâte et la feuille azyme.
2. Laisser sécher 1 heure puis détailler les calissons (pages 12 et 13).

LE GLAÇAGE

1. Mélanger d'abord doucement le sucre glace et le blanc d'œuf au fouet.
2. Diviser le glaçage dans des petits bols et le colorer en différentes nuances de rouge. Fouetter plus énergiquement afin d'obtenir la consistance d'une crème épaisse bien homogène et légèrement coulante.
3. Napper chaque calisson. Lisser les contours avec votre doigt pour éviter au glaçage de couler sur les côtés.
4. Les déposer délicatement bien à plat sur une plaque à pâtisserie et les faire sécher au four à 120 °C pendant 5 minutes.

1 HEURE À 1H45 DE PRÉPARATION SELON LA TAILLE DES CALISSONS • 2H10 DE REPOS ET SÉCHAGE
POUR 18 GRANDS CALISSONS, 20 CALISSONS MOYENS OU 40 PETITS CALISSONS

COCO, PAPAYE & BANANE

LA PÂTE
60 g de poudre d'amandes
240 g de poudre de coco
200 g de sucre glace
120 g de papaye séchée
120 g de banane séchée
40 g d'oranges confites
50 g de confiture d'abricots
1 cuillerée à soupe de fleur d'oranger
4 cuillerées à soupe de rhum
ou de liqueur de coco

1 feuille azyme de 32 x 23 cm

LE GLAÇAGE
150 g de sucre glace
35 g de blanc d'œuf

LA CUSTOMISATION
colorants rouge, jaune et orange
petits bâtons ou petits pinceaux

LA PÂTE

1. Mélanger ensemble les poudres d'amandes, de coco et le sucre glace. Faire sécher le mélange 30 minutes sur une plaque à rebord au four à 120 °C.
2. Couper les fruits en petits morceaux. Mixer ensemble les fruits séchés, les fruits confits et la confiture à pleine puissance afin d'obtenir une pâte de fruits très fine.
3. Ajouter la fleur d'oranger et le rhum et mixer de nouveau pour bien mélanger.
4. Incorporer enfin le mélange d'amandes et de sucre et mixer 1 minute jusqu'à l'obtention d'une boule de pâte homogène se détachant des parois du robot.

LE MONTAGE

1. Selon la recette du calisson d'Aix, assembler ensuite la pâte et la feuille azyme.
2. Laisser sécher 1 heure puis découper les calissons (pages 12 et 13).

LE GLAÇAGE ET LA CUSTOMISATION

1. Pour le glaçage, mélanger d'abord doucement le sucre glace et le blanc d'œuf au fouet puis fouetter plus énergiquement afin d'obtenir la consistance d'une crème épaisse bien homogène et légèrement coulante.
2. Napper chaque calisson. Lisser les contours avec votre doigt pour éviter au glaçage de couler sur les côtés.
3. Diluer les colorants dans des petits pots avec 2 gouttes d'eau. Sans attendre, effleurer le glaçage de colorants rouge, orange ou jaune avec les petits bâtons ou un petit pinceau.
4. Les déposer délicatement et les faire sécher à l'air libre pendant 40 minutes au moins..

1 HEURE À 1H45 DE PRÉPARATION SELON LA TAILLE DES CALISSONS • 1H35 DE REPOS ET SÉCHAGE
POUR 18 GRANDS CALISSONS, 20 CALISSONS MOYENS OU 40 PETITS CALISSONS

MOKA

LA PÂTE

300 g de poudre d'amandes
200 g de sucre glace
260 g de melon confit orange ou rouge
40 g d'orange confite
25 g d'extrait de café
2 cuillerées à soupe d'amaretto

1 feuille azyme de 32 x 23 cm

LE GLAÇAGE & LA CUSTOMISATION

150 g de sucre glace
35 g de blanc d'œuf
quelques gouttes d'extrait de café ou du colorant marron
un peu de café en poudre

LA PÂTE

1. Mélanger ensemble la poudre d'amandes et le sucre glace. Faire sécher le mélange 30 minutes sur une plaque à rebord au four à 120 °C.
2. Couper les fruits confits en petits morceaux. Les mixer à pleine puissance afin d'obtenir une pâte de fruits très fine.
3. Ajouter l'extrait de café et l'amaretto. Mixer de nouveau pour bien mélanger.
4. Incorporer enfin le mélange d'amandes et de sucre et mixer 1 minute jusqu'à l'obtention d'une boule de pâte homogène se détachant des parois du robot.

LE MONTAGE

1. Selon la recette du calisson d'Aix, assembler ensuite la pâte et la feuille azyme.
2. Laisser sécher 1 heure puis découper les calissons (pages 12 et 13).

LE GLAÇAGE

1. Mélanger d'abord doucement le sucre glace et le blanc d'œuf au fouet. Incorporer le colorant ou l'extrait de café et fouetter plus énergiquement afin d'obtenir la consistance d'une crème épaisse bien homogène et légèrement coulante.
2. Napper chaque calisson. Lisser les contours avec le doigt pour éviter au glaçage de couler sur les côtés.
3. Les déposer délicatement bien à plat sur une plaque à pâtisserie et saupoudrer délicatement de café en poudre. Les faire sécher au four à 120 °C pendant 5 minutes.

1 HEURE À 1H45 DE PRÉPARATION SELON LA TAILLE DES CALISSONS • 1H35 DE REPOS ET SÉCHAGE
POUR 18 GRANDS CALISSONS, 20 CALISSONS MOYENS OU 40 PETITS CALISSONS

PISTACHE

LA PÂTE

250 g de poudre d'amandes
200 g de sucre glace
220 g de melon confit vert
100 g de pâte de pistache colorée

1 feuille azyme de 32 x 23 cm

LE GLAÇAGE

150 g de sucre glace
35 g de blanc d'œuf

ASTUCE La pâte de pistache colorée se trouve assez facilement en épicerie fine, mais on peut aussi la faire soi-même : mixer 150 g de pistaches émondées, incorporer 150 g de poudre d'amandes, faire sécher de la même manière que la poudre à calissons, puis ajouter 2 cuillerées à soupe de sirop d'orgeat.

LA PÂTE

1. Mélanger ensemble la poudre d'amandes et le sucre glace. Faire sécher le mélange 30 minutes sur une plaque à rebord au four à 120 °C.
2. Couper le melon vert en petits morceaux. Les mixer à pleine puissance afin d'obtenir une pâte de fruits très fine.
3. Ajouter la pâte de pistache et mixer de nouveau pour bien mélanger.
4. Incorporer enfin le mélange d'amandes et de sucre et mixer 1 minute jusqu'à l'obtention d'une boule de pâte homogène se détachant des parois du robot.

LE MONTAGE

1. Selon la recette du calisson d'Aix, assembler ensuite la pâte et la feuille azyme.
2. Laisser sécher 1 heure puis découper les calissons (pages 12 et 13).

LE GLAÇAGE

1. Mélanger d'abord doucement le sucre glace et le blanc d'œuf au fouet, puis plus énergiquement afin d'obtenir la consistance d'une crème épaisse bien homogène et légèrement coulante.
2. Napper chaque calisson. Lisser les contours avec le doigt pour éviter au glaçage de couler sur les côtés.
3. Les déposer délicatement bien à plat sur une plaque à pâtisserie et les faire sécher au four à 120 °C pendant 5 minutes.

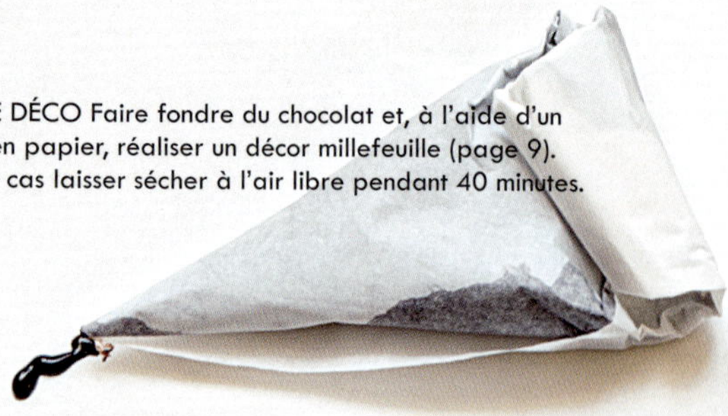

ASTUCE DÉCO Faire fondre du chocolat et, à l'aide d'un cornet en papier, réaliser un décor millefeuille (page 9). Dans ce cas laisser sécher à l'air libre pendant 40 minutes.

1 HEURE À 1H45 DE PRÉPARATION SELON LA TAILLE DES CALISSONS • 1H50 DE REPOS ET SÉCHAGE
POUR 18 GRANDS CALISSONS, 20 CALISSONS MOYENS OU 40 PETITS CALISSONS

TOUT CHOCO

LA PÂTE

300 g de poudre d'amandes
200 g de sucre glace
220 g de melon confit orange
30 g d'orange confite
60 g de cacao en poudre non sucré
1 cuillerée à soupe de fleur d'oranger

1 feuille azyme de 32 x 23 cm

LE GLAÇAGE & LA CUSTOMISATION

tout choco
125 g de chocolat noir
feuilles ou paillettes d'or
1 pinceau

variante piment d'Espelette
150 g de sucre glace
35 g de blanc d'œuf
1 cuillerée à café de piment d'Espelette en poudre

LA PÂTE

1. Mélanger ensemble la poudre d'amandes et le sucre glace. Faire sécher le mélange 30 minutes sur une plaque à rebord au four à 120 °C.
2. Couper les fruits confits en petits morceaux. Les mixer à pleine puissance afin d'obtenir une pâte de fruits très fine.
3. Ajouter le cacao et la fleur d'oranger. Mixer de nouveau pour bien mélanger.
4. Incorporer enfin le mélange d'amandes et de sucre et mixer 1 minute jusqu'à l'obtention d'une boule de pâte homogène se détachant des parois du robot.

LE MONTAGE

1. Selon la recette du calisson d'Aix, assembler ensuite la pâte et la feuille azyme.
2. Laisser sécher 1 heure puis découper les calissons (pages 12 et 13).

LE GLAÇAGE

1. Faire fondre le chocolat au bain-marie à feu moyen. Lorsque l'eau commence à frémir, retirer du feu. Pour rester brillant, le chocolat ne doit pas fondre à une température trop élevée, l'idéal étant de ne pas dépasser 33 °C.
2. Napper chaque calisson. Lisser les contours avec votre doigt pour éviter au glaçage de couler sur les côtés.
3. Décorer de feuilles ou de paillettes d'or (page 8).
4. Les déposer délicatement bien à plat sur une plaque à pâtisserie et les laisser figer une vingtaine de minutes dans un courant d'air frais.

VARIANTE ESPELETTE Remplacer le glaçage chocolat par un glaçage au piment d'Espelette. Napper chaque calisson d'un glaçage royal traditionnel puis les déposer bien à plat sur une plaque à pâtisserie. Saupoudrer délicatement de piment d'Espelette et les laisser sécher à l'air libre 40 minutes au moins.

1 HEURE À 1H45 DE PRÉPARATION SELON LA TAILLE DES CALISSONS • 1H35 À 1H50 DE REPOS ET SÉCHAGE SELON LE TYPE DE GLAÇAGE
POUR 18 GRANDS CALISSONS, 20 CALISSONS MOYENS OU 40 PETITS CALISSONS

PRALINÉ VANILLE OU CARAMEL SALÉ

LA PÂTE

60 g de poudre d'amandes
240 g de poudre de noisettes
200 g de sucre glace
200 g de melon confit orange
2 cuillerées à soupe de caramel liquide

1 feuille azyme de 32 x 23 cm

LE GLAÇAGE AU CHOIX

vanille

150 g de sucre glace
35 g de blanc d'œuf
1/2 gousse de vanille

caramel (à réaliser la veille)

125 g de sucre en poudre
3 cuillerées à soupe d'eau
6 cl de crème liquide
100 g de beurre salé

LA PÂTE

1. Mélanger ensemble la poudre d'amandes, de noisettes et le sucre glace. Faire sécher le mélange 30 minutes sur une plaque à rebord au four à 120 °C.

2. Couper le melon et le mixer à pleine puissance afin d'obtenir une pâte de fruits très fine. Ajouter le caramel liquide. Mixer de nouveau pour bien mélanger.

3. Incorporer enfin le mélange d'amandes et de sucre et mixer 1 minute jusqu'à l'obtention d'une boule de pâte homogène se détachant des parois du robot.

LE MONTAGE

1. Selon la recette du calisson d'Aix, assembler ensuite la pâte et la feuille azyme.

2. Laisser sécher 1 heure puis détailler les calissons (pages 12 et 13).

LE GLAÇAGE À LA VANILLE

1. Mélanger d'abord doucement le sucre glace et le blanc d'œuf au fouet. Gratter la vanille et fouetter plus énergiquement afin d'obtenir une crème épaisse homogène.

2. Napper chaque calisson. Lisser les contours avec votre doigt pour éviter au glaçage de couler sur les côtés.

3. Les déposer délicatement bien à plat sur une plaque à pâtisserie et les faire sécher au four à 120 °C pendant 5 minutes.

LE GLAÇAGE AU CARAMEL (À RÉALISER LA VEILLE)

1. Chauffer le sucre et l'eau dans une casserole, à feu moyen. Sans trop mélanger, surveiller le sucre jusqu'à l'obtention d'un joli caramel brun clair.

2. Ajouter très progressivement la crème liquide en remuant délicatement avec une spatule afin de stopper la cuisson du caramel. Lorsque la crème est bien incorporée, laisser épaissir quelques secondes supplémentaires.

3. Hors du feu, incorporer le beurre coupé en petits morceaux. Fouetter jusqu'à ce que le caramel soit lisse et homogène. Réserver au réfrigérateur jusqu'au lendemain.

4. Le jour-même, sortir le caramel salé du réfrigérateur à l'avance et le tiédir légèrement. Napper les calissons un par un à la spatule ou faire couler le caramel sur les calissons. Puis laisser sécher à l'air libre pendant 15 minutes au moins.

1 HEURE À 1H45 DE PRÉPARATION SELON LA TAILLE DES CALISSONS • 2H DE REPOS ET SÉCHAGE
POUR 18 GRANDS CALISSONS, 20 CALISSONS MOYENS OU 40 PETITS CALISSONS

MARRONS EN COQUE CHOCO

LA PÂTE

250 g de poudre d'amandes
150 g de sucre glace
220 g de crème de marrons
120 g de marrons pelés au naturel
20 g d'orange confite
2 cuillerées à soupe de fleur d'oranger

1 feuille azyme de 32 x 23 cm

LE GLAÇAGE

300 g de chocolat noir

LA PÂTE

1. Mélanger ensemble la poudre d'amandes et le sucre glace. Faire sécher le mélange 30 minutes sur une plaque à rebord au four à 120 °C.

2. Mixer à pleine puissance les marrons et l'orange confite afin d'obtenir une pâte de fruits très fine. Ajouter la fleur d'oranger et la crème de marrons, mélanger.

3. Incorporer enfin le mélange d'amandes et de sucre et mixer 1 minute jusqu'à l'obtention d'une boule de pâte homogène se détachant des parois du robot.

LE MONTAGE & LE GLAÇAGE

1. Selon la recette du calisson d'Aix, assembler ensuite la pâte et la feuille azyme.

2. Laisser sécher 1 heure puis découper les calissons (pages 12 et 13).

3. Faire fondre 200 g de chocolat au bain-marie à feu moyen. Lorsque l'eau commence à frémir, retirer du feu et ajouter les 100 g restants (voir tempérage page 9).

CALISSON EN COQUE

Saisir le calisson par une extrémité et le tremper dans le chocolat. Racler l'excédent sur les bords du saladier puis déposer le calisson sur une grille pour laisser refroidir.

CALISSON STRIÉ

Déposer le calisson bien à plat dans le chocolat, sans recouvrir la feuille azyme. Le récupérer à l'aide d'une fourchette, puis le retourner et le déposer sur une grille. Strier la surface à l'aide de la fourchette. Laisser figer à côté d'un courant d'air frais une vingtaine de minutes au moins.

1 HEURE À 1H45 DE PRÉPARATION SELON LA TAILLE DES CALISSONS • 1H35 DE REPOS ET SÉCHAGE
POUR 18 GRANDS CALISSONS, 20 CALISSONS MOYENS OU 40 PETITS CALISSONS

ROSE & GINGEMBRE

LA PÂTE
300 g de poudre d'amandes
200 g de sucre glace
200 g de melon confit orange ou rouge
110 g de gingembre confit
2 cuillerées à soupe d'eau de rose

1 feuille azyme de 32 x 23 cm

LE GLAÇAGE
150 g de sucre glace
35 g de blanc d'œuf
1 ou 2 pointes de couteau de colorant rose, framboise ou lie-de-vin

LA PÂTE

1. Mélanger ensemble la poudre d'amandes et le sucre glace. Faire sécher le mélange 30 minutes sur une plaque à rebord au four à 120 °C.
2. Couper le melon et le gingembre en petits morceaux. Les mixer à pleine puissance afin d'obtenir une pâte de fruits très fine.
3. Ajouter l'eau de rose. Mixer de nouveau pour bien mélanger.
4. Incorporer enfin le mélange d'amandes et de sucre et mixer 1 minute jusqu'à l'obtention d'une boule de pâte homogène se détachant des parois du robot.

LE MONTAGE

1. Selon la recette du calisson d'Aix, assembler ensuite la pâte et la feuille azyme.
2. Laisser sécher 1 heure puis découper les calissons (pages 12 et 13).

LE GLAÇAGE

1. Mélanger doucement le sucre glace et le blanc d'œuf au fouet. Diviser la préparation dans des petits bols et colorer chacune en différentes nuances, du blanc au rose foncé.
2. Fouetter plus énergiquement chaque bol afin d'obtenir la consistance d'une crème épaisse bien homogène et légèrement coulante.
3. Napper chaque calisson. Lisser les contours avec le doigt pour éviter au glaçage de couler sur les côtés.
4. Les déposer délicatement bien à plat sur une plaque à pâtisserie et les faire sécher au four à 120 °C pendant 5 minutes.

1 HEURE À 1H45 DE PRÉPARATION SELON LA TAILLE DES CALISSONS • 1H35 DE REPOS ET SÉCHAGE
POUR 18 GRANDS CALISSONS, 20 CALISSONS MOYENS OU 40 PETITS CALISSONS

RÉGLISSE & VIOLETTE

LA PÂTE

300 g de poudre d'amandes
200 g de sucre glace
200 g de melon confit orange ou rouge
125 g de rouleau de réglisse
40 g d'orange confite
4 g d'arôme de violette
1 cuillerée à soupe de fleur d'oranger

1 feuille azyme de 32 x 23 cm

LE GLAÇAGE & LA CUSTOMISATION

150 g de sucre glace
35 g de blanc d'œuf
2 ou 3 pointes de couteau de colorant violet
un peu de poudre irisée
1 pinceau

LA PÂTE

1. Mélanger ensemble la poudre d'amandes et le sucre glace. Faire sécher le mélange 30 minutes sur une plaque à rebord au four à 120 °C.
2. Dérouler la réglisse puis la passer 2 secondes à peine au micro-ondes pour la ramollir. Mixer au robot à pleine puissance afin d'obtenir des petits grains.
3. Couper les fruits confits en petits morceaux. Les mixer à pleine puissance afin d'obtenir une pâte de fruits très fine.
4. Ajouter la fleur d'oranger et l'arôme. Mixer de nouveau pour bien mélanger.
5. Incorporer enfin le mélange d'amandes et de sucre et mixer 1 minute jusqu'à l'obtention d'une boule de pâte homogène se détachant des parois du robot.

LE MONTAGE

1. Selon la recette du calisson d'Aix, assembler ensuite la pâte et la feuille azyme.
2. Laisser sécher 1 heure puis découper les calissons (pages 12 et 13).

LE GLACAGE

1. Mélanger d'abord doucement le sucre glace et le blanc d'œuf au fouet. Incorporer le colorant et fouetter plus énergiquement afin d'obtenir la consistance d'une crème épaisse bien homogène et légèrement coulante.
2. Napper chaque calisson. Lisser les contours avec le doigt pour éviter au glaçage de couler sur les côtés. Les déposer délicatement bien à plat sur une plaque à pâtisserie et les faire sécher au four à 120 °C pendant 5 minutes.
3. Nacrer délicatement les calissons de poudre irisée à l'aide d'un petit pinceau.

1 HEURE À 1H45 DE PRÉPARATION SELON LA TAILLE DES CALISSONS • 1H35 DE REPOS ET SÉCHAGE
POUR 20 GRANDS CALISSONS, 24 CALISSONS MOYENS OU 45 PETITS CALISSONS

PRUNEAUX & ARMAGNAC

LA PÂTE

300 g de poudre d'amandes
230 g de sucre glace
280 g de pruneaux dénoyautés
50 g d'orange confite
100 g d'armagnac
1 cuillerée à soupe de fleur d'oranger

1 ou 2 feuilles azyme de 32 x 23 cm

LE GLAÇAGE

150 g de sucre glace
35 g de blanc d'œuf
colorants marron clair et foncé

LA PÂTE

1. Mélanger ensemble la poudre d'amandes et le sucre glace. Faire sécher le mélange 30 minutes sur une plaque à rebord au four à 120 °C.
2. Couper les fruits en petits morceaux. Les mixer à pleine puissance afin d'obtenir une pâte de fruits très fine.
3. Ajouter la fleur d'oranger et l'armagnac. Mixer de nouveau pour bien mélanger.
4. Incorporer enfin le mélange d'amandes et de sucre et mixer 1 minute jusqu'à l'obtention d'une boule de pâte homogène se détachant des parois du robot.

LE MONTAGE

1. Selon la recette du calisson d'Aix, assembler ensuite la pâte et la feuille azyme.
2. Laisser sécher 1 heure puis découper les calissons (pages 12 et 13).

LE GLAÇAGE

1. Mélanger d'abord doucement le sucre glace et le blanc d'œuf au fouet. Fouetter plus énergiquement afin d'obtenir la consistance d'une crème épaisse bien homogène et légèrement coulante.
2. Diviser le glaçage dans des petits bols et colorer chacune en différentes nuances, du blanc au marron foncé. Bien mélanger chaque couleur.
3. Napper chaque calisson. Lisser les contours avec votre doigt pour éviter au glaçage de couler sur les côtés.
4. Les déposer délicatement bien à plat sur une plaque à pâtisserie et les faire sécher au four à 120 °C pendant 5 minutes.

1 HEURE À 1H45 DE PRÉPARATION SELON LA TAILLE DES CALISSONS • 2H10 DE REPOS ET SÉCHAGE
POUR 18 GRANDS CALISSONS, 20 CALISSONS MOYENS OU 40 PETITS CALISSONS

PAIN D'ÉPICE & MIEL

LA PÂTE

210 g de poudre d'amandes
225 g de pain d'épice
100 g de sucre glace
160 g de melon confit orange
50 g de gingembre confit
40 g d'orange confite
100 g de miel
1 cuillerée à soupe de fleur d'oranger

1 feuille azyme de 32 x 23 cm

LE GLAÇAGE & LA CUSTOMISATION

150 g de sucre glace
35 g de blanc d'œuf
2 pointes de couteau de colorant jaune ou crème
paillettes d'or

LA PÂTE

1. Mixer le pain d'épice et le sucre glace pour obtenir une poudre assez fine.
2. Mélanger avec la poudre d'amandes et faire sécher le mélange 30 minutes sur une plaque à rebord au four à 120 °C.
3. Couper les fruits confits en petits morceaux. Les mixer avec le miel à pleine puissance afin d'obtenir une pâte de fruits très fine. Ajouter la fleur d'oranger. Mixer de nouveau pour bien mélanger.
4. Incorporer enfin le mélange d'amandes, de sucre et de pain d'épice. Mixer 1 minute jusqu'à l'obtention d'une boule de pâte homogène se détachant des parois du robot.

LE MONTAGE

1. Selon la recette du calisson d'Aix, assembler ensuite la pâte et la feuille azyme.
2. Laisser sécher 1 heure puis découper les calissons (pages 12 et 13).

LE GLAÇAGE ET LA CUSTOMISATION

1. Mélanger d'abord doucement le sucre glace et le blanc d'œuf au fouet. Incorporer le colorant et fouetter plus énergiquement afin d'obtenir la consistance d'une crème épaisse bien homogène et légèrement coulante.
2. Napper chaque calisson. Lisser les contours avec le doigt pour éviter au glaçage de couler sur les côtés. Décorer de paillettes d'or.
3. Les déposer délicatement bien à plat sur une plaque à pâtisserie et laisser sécher à l'air libre dans un courant d'air frais 40 minutes

1 HEURE À 1H45 DE PRÉPARATION SELON LA TAILLE DES CALISSONS • 1H35 DE REPOS ET SÉCHAGE
POUR 18 GRANDS CALISSONS, 20 CALISSONS MOYENS OU 40 PETITS CALISSONS

NOIX DE PÉCAN & WHISKY

LA PÂTE

300 g de noix de pécan
200 g de sucre glace
220 g de melon confit orange
80 g d'oranges confites
4 cuillerées à soupe de whisky

1 feuille azyme de 32 x 23 cm

LE GLAÇAGE & LA CUSTOMISATION

150 g de sucre glace
35 g de blanc d'œuf
quelques noix de pécan
colorant caramel ou jaune+marron
cerneaux de noix de pécan

LA PÂTE

1. Mixer les noix de pécan afin d'obtenir une poudre assez fine. La mélanger avec le sucre glace. Faire sécher le mélange 30 minutes sur une plaque à rebord au four à 120 °C.
2. Couper les fruits confits en petits morceaux. Les mixer à pleine puissance afin d'obtenir une pâte de fruits très fine.
3. Ajouter le whisky et mixer de nouveau pour bien mélanger.
4. Incorporer enfin le mélange de noix et de sucre et mixer 1 minute jusqu'à l'obtention d'une boule de pâte homogène se détachant des parois du robot.

LE MONTAGE

1. Selon la recette du calisson d'Aix, assembler ensuite la pâte et la feuille azyme.
2. Laisser sécher 1 heure puis découper les calissons (pages 12 et 13).

LE GLAÇAGE

1. Mélanger d'abord doucement le sucre glace et le blanc d'œuf au fouet puis fouetter plus énergiquement afin d'obtenir la consistance d'une crème épaisse bien homogène et légèrement coulante.
2. Diviser le glaçage dans des petits bols et colorer chacun en différentes nuances.
3. Napper chaque calisson. Lisser les contours avec le doigt pour éviter au glaçage de couler sur les côtés.
4. Les déposer délicatement bien à plat sur une plaque à pâtisserie et déposer un cerneau de noix sur certains d'entre eux. Les faire sécher au four à 120 °C pendant 5 minutes.

VARIANTE Pour une version sans alcool, remplacer le whisky par 1 cuillerée à soupe de fleur d'oranger et 2 cuillerées à soupe de sirop d'érable.

1 HEURE À 1H45 DE PRÉPARATION SELON LA TAILLE DES CALISSONS • 1H50 DE REPOS ET SÉCHAGE
POUR 18 GRANDS CALISSONS, 20 CALISSONS MOYENS OU 40 PETITS CALISSONS

FIGUES & FOIE GRAS

LA PÂTE

200 g de poudre d'amandes
130 g de sucre glace
210 g de figues séchées
210 g de confiture de figues
2 cuillerées à soupe de crème ou de sirop de cassis

1 feuille azyme de 32 x 23 cm

LE GLAÇAGE

60 g de confiture de figues

... ET DU FOIE GRAS !

LA PÂTE

1. Mélanger ensemble la poudre d'amandes et le sucre glace. Faire sécher le mélange 30 minutes sur une plaque à rebord au four à 120 °C.
2. Mixer les figues séchées en morceaux avec la confiture à pleine puissance afin d'obtenir une pâte de fruits très fine.
3. Ajouter la crème de cassis. Mixer de nouveau pour bien mélanger.
4. Incorporer enfin le mélange d'amandes et de sucre. Mixer 1 minute jusqu'à l'obtention d'une boule de pâte homogène se détachant des parois du robot.

LE MONTAGE

1. Selon la recette du calisson d'Aix, assembler ensuite la pâte et la feuille azyme.
2. Laisser sécher 1 heure puis découper les calissons (pages 12 et 13).

LE GLAÇAGE

1. Battre un peu ou mixer la confiture pour la détendre et réduire les gros morceaux. Napper chaque calisson. Lisser les contours avec le doigt pour éviter au glaçage de couler sur les côtés.
2. Les déposer délicatement bien à plat sur une plaque à pâtisserie et les laisser sécher à l'air libre au moins 20 minutes. Déguster avec du foie gras.

1 HEURE À 1H45 DE PRÉPARATION SELON LA TAILLE DES CALISSONS • 3H DE REPOS ET SÉCHAGE
POUR 20 GRANDS CALISSONS, 24 CALISSONS MOYENS OU 45 PETITS CALISSONS

TOMATE & BASILIC

la pâte

420 g de poudre d'amandes
180 g de sucre glace
130 g de melon confit orange ou rouge
230 g de tomates séchées (à l'huile, bien égouttées)
40 g de concentré de tomates

1 feuille azyme de 32 x 23 cm

LE GLAÇAGE

150 g de sucre glace
35 g de blanc d'œuf
20 feuilles de basilic frais

LA PÂTE

1. Mélanger ensemble la poudre d'amandes et le sucre glace. Faire sécher le mélange 30 minutes sur une plaque à rebord au four à 120 °C.
2. Mixer le melon en morceaux avec les tomates séchées à pleine puissance afin d'obtenir une pâte de fruits très fine.
3. Ajouter le concentré de tomates. Mixer de nouveau pour bien mélanger.
4. Incorporer enfin le mélange d'amandes et de sucre. Mixer 1 minute jusqu'à l'obtention d'une boule de pâte homogène se détachant des parois du robot.

LE MONTAGE

1. Selon la recette du calisson d'Aix, assembler ensuite la pâte et la feuille azyme.
2. Laisser sécher 2 heures puis découper les calissons (pages 12 et 13).

LE GLAÇAGE

3. Mélanger d'abord doucement le sucre glace et le blanc d'œuf au fouet, puis plus énergiquement afin d'obtenir la consistance d'une crème épaisse bien homogène et légèrement coulante.
4. Laver et éponger délicatement les feuilles de basilic. Les ciseler grossièrement et les mélanger au glaçage. Donner 2 ou 3 coups de mixer plongeant pour faire infuser les feuilles, colorer et affiner le glaçage.
5. Napper chaque calisson. Lisser les contours avec le doigt pour éviter au glaçage de couler sur les côtés.
6. Les déposer délicatement bien à plat sur une plaque à pâtisserie et laisser sécher à l'air libre dans un courant d'air frais 30 minutes.

ASTUCE Rouler dans le creux de la main des petites boules de pâte, comme des petites tomates cerises. Les piquer d'un bâtonnet de bois et les tremper directement dans le glaçage. Les présenter ensuite comme des petites bouchées. Une façon originale d'utiliser les chutes de pâte et de varier la présentation.

1 HEURE À 1H45 DE PRÉPARATION SELON LA TAILLE DES CALISSONS • 2H30 DE REPOS ET SÉCHAGE
POUR 20 GRANDS CALISSONS, 24 CALISSONS MOYENS OU 45 PETITS CALISSONS

AVOCAT, TAHIN & CITRON

LA PÂTE

380 g de poudre d'amandes
200 g de sucre glace
160 g de melon confit vert
160 g de chair d'avocat
60 g de citron confit en saumure (égoutté, épépiné)
40 g de tahiné (crème de sésame)
1 cuillerée à soupe de jus de citron
3 pincées de sel

1 ou 2 feuilles azyme de 32 x 23 cm

LE GLAÇAGE

150 g de sucre glace
35 g de blanc d'œuf
1 pointe de couteau de colorant jaune
2 pointes de couteau de colorant vert olive

LA CUSTOMISATION

un peu de colorant noir
1 pinceau
1 morceau d c citron confit

LA PÂTE

1. Mélanger ensemble la poudre d'amandes et le sucre glace. Faire sécher le mélange 30 minutes sur une plaque à rebord au four à 120 °C.

2. Mixer l'avocat, les fruits confits et le sel à pleine puissance afin d'obtenir une pâte de fruits très fine.

3. Ajouter le jus de citron et le tahiné, puis mixer de nouveau pour bien mélanger.

4. Incorporer enfin le mélange d'amandes et de sucre. Mixer 1 minute jusqu'à l'obtention d'une boule de pâte homogène se détachant des parois du robot.

LE MONTAGE

1. Selon la recette du calisson d'Aix, assembler ensuite la pâte et la feuille azyme.

2. Laisser sécher 2 heures puis découper les calissons (pages 12 et 13).

LE GLAÇAGE ET LA CUSTOMISATION

3. Mélanger d'abord doucement le sucre glace et le blanc d'œuf au fouet. Incorporer les colorant jaune et vert puis fouetter plus énergiquement afin d'obtenir la consistance d'une crème épaisse bien homogène et légèrement coulante.

4. Napper chaque calisson. Lisser les contours avec le doigt pour éviter au glaçage de couler sur les côtés. À l'aide d'une brosse à dents, appliquer la poudre de colorant noir (page 9). Ou bien déposer un zeste fin de citron sur le glaçage.

5. Les déposer délicatement bien à plat sur une plaque à pâtisserie et les faire sécher au four à 120 °C pendant 5 minutes.

1 HEURE À 1H45 DE PRÉPARATION SELON LA TAILLE DES CALISSONS • 3 HEURES DE REPOS ET SÉCHAGE
POUR 20 GRANDS CALISSONS, 24 CALISSONS MOYENS OU 45 PETITS CALISSONS

SAFRAN & SÉSAME

LA PÂTE

360 g de poudre d'amandes
200 g de sucre glace
280 g de confit de safran (en épicerie fine ou bio)
40 g d'orange confite
20 g de citron confit

1 à 2 feuilles azyme de 32 x 23 cm

LE GLAÇAGE & LA CUSTOMISATION

60 g de confit de safran ou de gelée de fruits + safran
80 g de sésame torréfié

LA PÂTE

1. Mélanger ensemble la poudre d'amandes et le sucre glace. Faire sécher le mélange 30 minutes sur une plaque à rebord au four à 120 °C.
2. Couper les fruits confits en petits morceaux. Les mixer avec le confit de safran à pleine puissance afin d'obtenir une pâte de fruits très fine.
3. Incorporer le mélange d'amandes et de sucre. Mixer 1 minute jusqu'à l'obtention d'une boule de pâte homogène se détachant des parois du robot.

LE MONTAGE

1. Selon la recette du calisson d'Aix, assembler ensuite la pâte et la feuille azyme.
2. Laisser sécher 2 heures puis découper les calissons (pages 12 et 13).

LE GLAÇAGE

1. Battre légèrement le confit de safran ou la gelée avec un peu de safran.
2. Napper chaque calisson en couvrant également la tranche. Passer délicatement les calissons dans le sésame puis les déposer bien à plat sur une plaque à pâtisserie.
3. Laisser sécher les calissons à l'air libre pendant 30 minutes au moins.

ASTUCE Le confit de safran se trouve assez facilement en épicerie fine ou bio mais il peut être remplacé par un mélange de 220 g de melon confit et de 2 g de safran. Dans ce cas, penser à réduire la quantité de poudre d'amandes à 300 g.

1 HEURE À 1H45 DE PRÉPARATION SELON LA TAILLE DES CALISSONS • 2H35 DE REPOS ET SÉCHAGE
POUR 20 GRANDS CALISSONS, 24 CALISSONS MOYENS OU 45 PETITS CALISSONS

POIVRON & FRAMBOISE

LA PÂTE

380 g de poudre d'amandes
160 g de sucre glace
160 g de cerises confites (bigarreaux)
220 g de poivrons grillés (au naturel, égouttés)
125 g de confiture de framboises
2 pincées de sel

1 feuilles azyme de 32 x 23 cm

LE GLAÇAGE & LA CUSTOMISATION

150 g de sucre glace
35 g de blanc d'œuf
1 ou 2 pointes de couteau de colorant rose

LA PÂTE

1. Mélanger ensemble la poudre d'amandes et le sucre glace. Faire sécher le mélange 30 minutes sur une plaque à rebord au four à 120 °C.

2. Mixer les cerises, les poivrons grillés et le sel à pleine puissance afin d'obtenir une pâte très fine.

3. Ajouter la confiture de framboises et mixer de nouveau pour bien mélanger.

4. Incorporer enfin le mélange d'amandes et de sucre. Mixer 1 minute jusqu'à l'obtention d'une boule de pâte homogène se détachant des parois du robot.

LE MONTAGE

1. Selon la recette du calisson d'Aix, assembler ensuite la pâte et la feuille azyme.

2. Laisser sécher 2 heures puis découper les calissons (pages 12 et 13).

LE GLAÇAGE

1. Mélanger doucement le sucre glace et le blanc d'œuf au fouet, puis énergiquement afin d'obtenir la consistance d'une crème épaisse bien homogène et légèrement coulante. Diviser le glaçage en deux et colorer une moitié avec le colorant rose.

2. Napper la moitié des calissons de glaçage blanc et l'autre de glaçage rose. Lisser les contours avec le doigt pour éviter au glaçage de couler sur les côtés.

3. Pour des calissons de deux couleurs, prélever à l'aide d'une petite cuillère ou d'une languette de bois une petite quantité du glaçage de l'autre couleur. Effleurer délicatement le calisson déjà glacé et créer ainsi de jolis marbrages, signes ou dessins plus précis.

4. Les déposer délicatement bien à plat sur une plaque à pâtisserie et les faire sécher au four à 120 °C pendant 5 minutes.

1 HEURE À 1H45 DE PRÉPARATION SELON LA TAILLE DES CALISSONS • 1H35 DE REPOS ET SÉCHAGE
POUR 16 GRANDS CALISSONS, 18 CALISSONS MOYENS OU 38 PETITS CALISSONS

OLIVE & ORANGE

LA PÂTE

160 g de poudre d'amandes
300 g d'olives noires dénoyautées
180 g de sucre glace
130 g de melon confit orange ou rouge
120 g d'orange confite
2 cuillerées à soupe d'huile d'olive

1 feuille azyme de 32 x 23 cm

LE GLAÇAGE

150 g de sucre glace
35 g de blanc d'œuf
2 pointes de couteau de colorant orange

LA PÂTE

1. La veille, mixer les olives grossièrement et les faire sécher sur une plaque au four à 110°C pendant 1 heure en les remuant de temps en temps. Mixer 150 g d'olives séchées avec la poudre d'amandes. Mélanger avec le sucre glace et faire sécher le mélange sur une plaque à rebord au four à 120 °C pendant 20 minutes.

2. Le jour-même, couper les fruits confits en morceaux. Les mixer afin d'obtenir une pâte de fruits très fine.

3. Ajouter l'huile d'olive et mixer de nouveau pour bien mélanger.

4. Incorporer enfin le mélange d'amandes, d'olive et de sucre. Mixer 1 minute jusqu'à l'obtention d'une boule de pâte homogène se détachant des parois du robot.

LE MONTAGE

1. Selon la recette du calisson d'Aix, assembler ensuite la pâte et la feuille azyme.

2. Laisser sécher 1 heure puis découper les calissons (pages 12 et 13).

LE GLAÇAGE

1. Mélanger d'abord doucement le sucre glace et le blanc d'œuf au fouet. Incorporer le colorant puis fouetter plus énergiquement afin d'obtenir la consistance d'une crème épaisse bien homogène et légèrement coulante.

2. Napper chaque calisson. Lisser les contours avec votre doigt pour éviter au glaçage de couler sur les côtés.

3. Les déposer délicatement bien à plat sur une plaque à pâtisserie et les faire sécher au four à 120 °C pendant 5 minutes.

1 HEURE À 1H45 DE PRÉPARATION SELON LA TAILLE DES CALISSONS • 3H DE REPOS ET SÉCHAGE
POUR 18 GRANDS CALISSONS, 20 CALISSONS MOYENS OU 40 PETITS CALISSONS

CONFIT D'ÉCHALOTES & CURRY

la pâte
250 g de poudre d'amandes
75 g de poudre de noix de coco
200 g de sucre glace
100 g de melon confit orange
180 g d'échalote confite (égouttée)
1 cuillerée à soupe de curry en poudre

1 feuille azyme de 32 x 23 cm

LE GLAÇAGE & LA CUSTOMISATION
150 g de sucre glace
35 g de blanc d'œuf
1 cuillerée à café de curry en poudre
1 cuillerée à café de coco en poudre

LA PÂTE

1. Mélanger ensemble la poudre d'amandes et de coco avec le sucre glace. Faire sécher le mélange 30 minutes sur une plaque à rebord au four à 120 °C.
2. Mixer le melon coupé en morceaux avec les échalotes à pleine puissance afin d'obtenir une pâte très fine.
3. Ajouter le curry. Mixer de nouveau pour bien mélanger.
4. Incorporer enfin le mélange d'amandes et de sucre. Mixer 1 minute jusqu'à l'obtention d'une boule de pâte homogène se détachant des parois du robot.

LE MONTAGE

1. Selon la recette du calisson d'Aix, assembler ensuite la pâte et la feuille azyme.
2. Laisser sécher 2 heures puis découper les calissons (pages 12 et 13).

LE GLAÇAGE

1. Mélanger d'abord doucement le sucre glace et le blanc d'œuf au fouet puis plus énergiquement afin d'obtenir la consistance d'une crème épaisse bien homogène et légèrement coulante.
2. Napper chaque calisson. Lisser les contours avec le doigt pour éviter au glaçage de couler sur les côtés. Sans attendre, saupoudrer certains d'entre eux de curry et/ou de coco râpée.
3. Les déposer délicatement bien à plat sur une plaque à pâtisserie et laisser sécher dans un courant d'air frais pendant 30 minutes.

1 HEURE À 1H45 DE PRÉPARATION SELON LA TAILLE DES CALISSONS • 1H35 DE REPOS ET SÉCHAGE
POUR 18 GRANDS CALISSONS, 20 CALISSONS MOYENS OU 40 PETITS CALISSONS

NOIX DE CAJOU & CHÈVRE

LA PÂTE
340 g de noix de cajou
150 g de sucre glace
200 g de melon confit orange
125 g de chèvre frais
20 g de miel
3 pincées de fleur de sel

1 feuille azyme de 32 x 23 cm

LE GLAÇAGE
150 g de sucre glace
35 g de blanc d'œuf

LA PÂTE

1. Mixer les noix de cajou afin d'obtenir une poudre assez fine. La mélanger avec le sucre glace. Faire sécher le mélange 30 minutes sur une plaque à rebord au four à 120 °C.
2. Mixer le melon coupé en morceaux avec le miel et le sel à pleine puissance afin d'obtenir une pâte très fine.
3. Ajouter le chèvre frais en petits morceaux. Mixer de nouveau pour bien mélanger.
4. Incorporer enfin le mélange de noix et de sucre. Mixer 1 minute jusqu'à l'obtention d'une boule de pâte homogène se détachant des parois du robot.

LE MONTAGE

1. Selon la recette du calisson d'Aix, assembler ensuite la pâte et la feuille azyme.
2. Laisser sécher 1 heure puis découper les calissons (pages 12 et 13).

LE GLAÇAGE

1. Mélanger d'abord doucement le sucre glace et le blanc d'œuf au fouet puis plus énergiquement afin d'obtenir la consistance d'une crème épaisse bien homogène et légèrement coulante.
2. Napper chaque calisson. Lisser les contours avec le doigt pour éviter au glaçage de couler sur les côtés.
3. Les déposer délicatement bien à plat sur une plaque à pâtisserie et les faire sécher au four à 120 °C pendant 5 minutes.

POUR 5 OU 6 PERSONNES - 30 MINUTES DE PRÉPARATION - 20 MINUTES DE CUISSON

PASTILLA DE FRUITS ET CALISSONS
POUR UTILISER LES PARURES

120 g d'abricots secs
90 g de pruneaux dénoyautés
30 g de raisins blonds secs
30 g d'orange confite
60 g de confiture d'abricots
60 g de confiture de fraises
60 g de confiture de framboises
1 cuillerée à soupe d'eau de fleur d'oranger
parures de calissons ou calissons brisés
12 feuilles de pâte filo
180 g de beurre
25 g de sucre glace

1. Faire fondre doucement le beurre sans remuer, ôter la mousse et laisser reposer.
2. Blanchir les abricots et les pruneaux 2 minutes dans de l'eau bouillante. Éponger. Couper les abricots, les pruneaux et les oranges en petits morceaux. Les réunir dans un saladier avec les raisins, les confitures et la fleur d'oranger. Bien mélanger.
3. Couper les feuilles de pâte filo en 12 carrés de 20 x 20 cm. À l'aide d'un pinceau, beurrer chaque feuille et les coller par 2 pour doubler l'épaisseur.
4. Déposer à 2 cm du bas des feuilles une bonne cuillerée à soupe de fruits et quelques parures de calissons. Rouler les feuilles du bas vers le haut en serrant bien les fruits puis replier les extrémités en dessous afin d'obtenir des petits chaussons.
5. Disposer sur une plaque et badigeonner les pastillas avec le reste de beurre.
6. Saupoudrer de sucre glace et enfourner à four chaud une quinzaine de minutes environ. À la sortie du four, laisser tiédir quelques minutes avant de servir.

POUR 5 OU 6 PERSONNES - 8 MINUTES DE PRÉPARATION

FRUITS ROUGES ET CALISSONS
POUR UTILISER LES PARURES

400 g de fraises
250 g de framboises
125 g de groseilles
125 g de mûres
20 cl de coulis de fruits rouges
parures de calissons ou calissons brisés

1. Laver puis équeuter les fraises. Nettoyer les autres fruits.
2. Réaliser de jolies coupes ou présentations avec les fruits rouges de saison.
3. Napper d'un coulis de fruits rouges et parsemer de morceaux de calissons.
4. Servir immédiatement pour que les fruits restent bien frais.

POUR 5 À 6 PERSONNES - 1 HEURE À 1H45 DE PRÉPARATION SELON LA TAILLE DES CALISSONS • 1H30 DE REPOS ET SÉCHAGE

ESPUMA ET PANNA COTTA

INFUSER LES PARURES

LA PANNA COTTA

600 g de crème liquide
250 g de parures de pâte
3 feuilles de gélatine

L'ESPUMA LÉGÈRE

50 cl de lait
200 g de parures de pâte
3 feuilles de gélatine

LES PETITS +

orangettes ou clémentines au chocolat

PRÉPARATION DE BASE

1. Faire tremper les feuilles de gélatine dans un bol d'eau froide pour les ramollir. Couper les parures en petits morceaux.
2. Dans une casserole, chauffer la crème ou le lait avec les parures à feu moyen. Bien mélanger jusqu'aux premiers signes d'ébullition puis retirer la casserole du feu.
3. Mixer la préparation à l'aide d'un mixer plongeant, puis la filtrer à l'aide d'un chinois ou d'une passoire fine.
4. Essorer délicatement la gélatine et la dissoudre dans la crème ou le lait chaud.

PANNA COTTA

1. Répartir le mélange dans des verrines ou des ramequins, puis laisser refroidir à température ambiante quelques minutes.
2. Réserver au réfrigérateur pendant 2 à 3 heures, selon leur taille, pour bien figer la crème.

ESPUMA LÉGÈRE

1. Laisser refroidir le lait à température ambiante quelques minutes puis verser aux 2/3 d'un siphon de 50 cl. Bien visser l'embout puis insérer successivement 2 cartouches de gaz.
2. Bien agiter et réserver au réfrigérateur 2 à 3 heures au moins.

LE + GOURMAND

Servir avec des orangettes ou des clémentines fraiches en coque de chocolat (même technique que pour le calisson en coque, page 38).

POUR 3 OU 4 PERSONNES -15 MINUTES DE PRÉPARATION

COMME UNE TARTE AU CITRON
EN FORME DE CALISSON

300 g environ de pâte à calisson brute non glacée et sans feuille azyme
300 g de lemon curd ou de crème citron bien froide
un peu de meringue molle ou dure, selon ses goûts
sucre glace

LA PÂTE

1. Saupoudrer le plan de travail et la pâte de sucre glace. L'étaler sur une épaisseur de 8 mm.

2. À l'aide d'un emporte-pièce à calisson (10/13 cm), découper les fonds de tarte et les déposer bien à plat sur une plaque.

LA DÉCOUPE & LA GARNITURE

1. Placer le même emporte-pièce sur les fonds de tarte et garnir régulièrement de lemon curd toute la surface du calisson.

2. Retirer l'emporte-pièce, en contournant les parois intérieures à l'aide d'un petit couteau trempé dans l'eau chaude pour éviter que la préparation ne colle.

3. Surmonter de meringue et servir ce calisson bien frais comme une tarte au citron.

POUR 3 OU 4 PERSONNES - 40 MINUTES DE PRÉPARATION- 8 À 10 MINUTES DE CUISSON - 40 MINUTES DE RÉFRIGÉRATION

MILLEFEUILLE CRAQUANT

CHOCO & CRÈME CALISSONS - EN FORME DE CALISSON

600 g de chocolat
250 g d'orange confite en cubes
30 cl de crème liquide (33% minimum de matières grasses)
20 g de sucre glace
1 cuillerée à café de fleur d'oranger
2 gouttes d'extrait d'amandes (facultatif)
3 ou 6 quartiers d'orange confite selon leur taille (facultatif)

LES TUILES CHOCO

1. Faire fondre 400 g de chocolat au bain-marie puis ajouter les 200 g restants selon la technique du tempérage (voir page 9).

2. À l'aide d'une spatule, étaler des fines bandes de chocolat de la largeur de l'emporte-pièce sur une feuille de plastique spécial chocolat (feuille guitare ou rhodoïd), une toile siliconée ou, à défaut, du papier sulfurisé.

3. Les mettre au frais quelques minutes puis, à l'aide de l'emporte-pièce, marquer des empreintes de calisson sur le chocolat souple pour faciliter la découpe. Compter 3 feuilles par personne. Remettre au frais jusqu'au moment de servir.

LA CHANTILLY

1. Fouetter la crème très froide en chantilly jusqu'à l'obtention d'une crème neigeuse.

2. Ajouter le sucre, les oranges en cubes, la fleur d'oranger et l'extrait d'amandes. Cesser de fouetter lorsque la crème est ferme et avant qu'elle ne devienne granuleuse.

LE MONTAGE

1. Au moment de servir, garnir de chantilly une poche munie d'une douille unie d'un diamètre assez large pour laisser passer les morceaux d'orange.

2. Décoller délicatement les feuilles de chocolat en vous aidant d'un petit couteau et dresser sur assiette les millefeuilles en intercalant chocolat et chantilly à l'orange.

3. Décorer d'un morceau d'orange confite en forme de calisson et servir aussitôt.

REMERCIEMENTS

Un grand merci...

À toute ma famille, et en particulier à Pauline et Benjamin, pour leur aide précieuse, même en vacances !

À Olivier pour sa confiance, son écoute et son partage. Bravo pour toutes ces belles images !

À Elodie qu'on ne présente plus, toujours disponible pour mettre en valeur mes recettes.

À Laetitia et Kajen, pour leur soutien... encore et encore !

À toute l'équipe, clients et amis du Café Noir pour leur soutien et leur gentillesse.

Et bien sur à toute l'équipe de Marabout... pour leur confiance et leurs belles réalisations.

Une attention toute particulière à Pauline et Aurélie, pour leur patience et leur implication parfois tardive !

www.cafenoirparis.com

www.jose-marechal.com

SHOPPING

Magimix www.magimix.com

Mora www.mora.fr

Rina Menardi www.rinamenardi.com

Mud Australia www.mudaustralia.com

Artgato, pour leur choix incroyable de colorants,
décorations et ustensiles de pâtisserie.
Vente aux professionnels et aux particuliers
5, Avenue du Docteur Arnold Netter - 75012 Paris

01 44 73 93 13 www.artgato.com

Relecture et mise en page : Aurélie Legay

Dépôt légal : avril 2011

ISBN : 978-2-501-07311-0

4076683

Imprimé en Espagne par Graphicas Estella